Impressum
Verlag: BABADADA GmbH, Nedderfeld 112 , 22529 Hamburg
Geschäftsführer / Verlagsleitung: Harald Hof
Druck: Books on Demand GmbH, In de Tarpen 42, 22848 Norderstedt

Imprint
Publisher: BABADADA GmbH, Nedderfeld 112 , 22529 Hamburg, Germany
Managing Director / Publishing direction: Harald Hof
Print: Books on Demand GmbH, In de Tarpen 42, 22848 Norderstedt

la salle de classe
klaslokaal

diviser
delen

186/2

le tableau noir
bord

la cour de récréation
speelplaats

l'enseignant
leerkracht

le papier
papier

écrire
schrijven

le stylo
pen

le bureau
bureau

la règle
liniaal

le livre
boek

l'élève
leerling

le sac d'école
schooltas

la trousse
pennenzak

le crayon
potlood

le taille-crayon
puntenslijper

la gomme
gom

le carnet à dessin
tekenblok

le dessin
tekening

le pinceau
verfborstel

la boîte de peinture
verfdoos

les ciseaux
schaar

la colle
lijm

le cahier d'exercices
werkboek

les tâches
huiswerk

le chiffre
nummer

2+2

additionner
optellen

soustraire
aftrekken

multiplier
vermenigvuldigen

calculer
rekenen

la lettre
letter

l'alphabet
alfabet

le mot
woord

le texte

tekst

lire

Lezen

la craie

krijt

la leçon

les

le livre de classe

klassenboek

l'examen

examen

le certificat

certificaat

l'uniforme scolaire

schooluniform

la formation

onderwijs

le lexique

encyclopedie

l'université

universiteit

le microscope

microscoop

la carte

kaart

la corbeille à papier

papiermand

l'hôtel
hotel

l'auberge
jeugdherberg

le bureau de change
wisselkantoor

la valise
koffer

la voiture
auto

la langue

Taal

oui / non

ja / nee

d'accord

oké

Salut

hallo

l'interprète

vertaler

merci

bedankt

Combien coûte...?

Hoeveel kost ...?

Je ne comprends pas

Ik begrijp het niet

le problème

probleem

Bonsoir!

Goedenavond!

Bonjour!

Goedemorgen!

Bonne nuit!

Goedenavond!

Au revoir

Tot ziens

la direction

richting

les bagages

bagage

le sac

zak

le sac-à-dos

rugzak

l'hôte

gast

la pièce

kamer

le sac de couchage

slaapzak

la tente

tent

l'office de tourisme

toeristeninformatie

la plage

strand

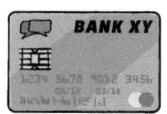

la carte de crédit

kredietkaart

le petit-déjeuner

ontbijt

le déjeuner

lunch

le dîner

avondeten

le billet

ticket

l'ascenseur

lift

le timbre

postzegel

la frontière

grens

la douane

douane

l'ambassade

ambassade

le visa

visum

le passeport

paspoort

l'avion
vliegtuig

le navire
schip

le véhicule de pompiers
brandweerwagen

le bus
bus

le camion
vrachtwagen

e bateau à moteur
motorboot

la bicyclette
fiets

la voiture
auto

le ferry

veerboot

la barque

boot

la moto

motor

la voiture de police

politiewagen

la voiture de course

racewagen

la voiture de location

huurauto

l'autopartage
carpoolen

la dépanneuse
sleepwagen

la benne à ordures
vuilniswagen

le moteur
motor

l'essence
benzine

la station d'essence
benzinestation

le panneau indicateur
verkeersbord

le trafic
verkeer

l'embouteillage
file

le parking
parkeerplaats

la gare
station

les rails
sporen

le train
trein

le tram
tram

le wagon
wagon

l'hélicoptère

helikopter

l'aéroport

luchthaven

la tour

toren

le passager

passagier

le container

container

le carton

karton

le chariot

kar

la corbeille

mand

décoller / atterrir

opstijgen / landen

la ville
stad

le village

dorp

le centre-ville

stadscentrum

la maison

huis

le cinéma
bioscoop

la publicité
reclame

le réverbère
straatlantaarn

CINEMA

la rue
straat

le taxi
taxi

le kiosque
kiosk

le piéton
voetganger

le trottoir
trottoir

le passage piéton
zebrapad

la poubelle
vuilnisbak

le carrefour
kruispunt

les feux de circulation
verkeerslichten

la cabane

hut

l'appartement

woning

la gare

station

la mairie

stadshuis

le musée

museum

l'école

school

l'université

universiteit

la banque

bank

l'hôpital

ziekenhuis

l'hôtel

hotel

la pharmacie

apotheek

le bureau

kantoor

la librairie

boekwinkel

le magasin

winkel

le fleuriste

bloemenwinkel

le supermarché

supermarkt

le marché

markt

le grand magasin

warenhuis

la poissonnerie

vishandelaar

le centre commercial

winkelcentrum

le port

haven

le parc

park

la banque

bank

le pont

brug

les escaliers

trap

le métro

metro

le tunnel

tunnel

l'arrêt de bus

bushalte

le bar

bar

le restaurant

restaurant

la boîte à lettres

brievenbus

le panneau indicateur

straatnaambord

le parcomètre

parkeermeter

le zoo

zoo

le réverbère

zwembad

la mosquée

moskee

la ville - stad

la ferme
boerderij

la pollution
milieuverontreiniging

le cimetière
kerkhof

l'église
kerk

l'aire de jeux
speelplaats

le temple
tempel

le paysage
landschap

la feuille
blad

le panneau indicateur
wegwijzer

le chemin
weg

le pré
weide

la pierre
steen

l'arbre
boom

le randonneur
wandelaar

la rivière
rivier

l'herbe
gras

la fleur
bloem

la vallée
vallei

la montagne
heuvel

le lac
meer

la forêt
bos

le désert
woestijn

le volcan
vulkaan

le château
kasteel

l'arc-en-ciel
regenboog

le champignon
paddenstoel

le palmier
palmboom

le moustique
mug

la mouche
vlieg

les fourmis
mier

l'abeille
bijl

l'araignée
spin

le paysage - landschap

le scarabée

kever

la grenouille

kikker

l'écureuil

eekhoorn

le hérisson

egel

le lapin

haas

la chouette

uil

l'oiseau

vogel

le cygne

zwaan

le sanglier

wild zwijn

le cerf

hert

l'élan

eland

le barrage

dam

l'éolienne

windturbine

le panneau solaire

zonnepaneel

le climat

klimaat

le serveur
ober

le menu
menu

la chaise
stoel

la soupe
soep

la pizza
pizza

les services
bestek

la nappe
tafelkleed

les hors d'œuvre
voorgerecht

le plat principal
hoofdgerecht

le dessert
nagerecht

les boissons
drankjes

l'alimentation
eten

la bouteille
fles

le fast-food
fastfood

les plats à emporter
street food

la théière
theepot

le sucrier
suikerpot

la portion
portie

la machine à expresso
espressomachine

la chaise haute
kinderstoel

la facture
rekening

le plateau
dienblad

le couteau
mes

la fourchette
vork

la cuillère
lepel

la cuillère à thé
theelepel

la serviette
serviette

le verre
glas

l'assiette

bord

l'assiette à soupe

soepbord

la soucoupe

schoteltje

la sauce

saus

la salière

zoutvatje

le moulin à poivre

pepermolen

le vinaigre

azijn

l'huile

olie

les épices

kruiden

le ketchup

ketchup

la moutarde

mosterd

la mayonnaise

mayonaise

l'offre promotionnelle
aanbieding

le client
klant

les produits laitiers
zuivelproducten

les fruits
fruit

le caddie
winkelwagen

la boucherie

slagerij

la boulangerie

bakkerij

peser

wegen

les légumes

groenten

la viande

vlees

les aliments surgelés

diepvriesvoedsel

la charcuterie

charcuterie

les conserves

conserven

la poudre à lessive

waspoeder

les bonbons

snoep

les articles ménagers

huishoudproducten

les détergents

schoonmaakproducten

la vendeuse

verkoopster

la caisse

kassa

le caissier

kassier

la liste d'achats

boodschappenlijstje

les heures d'ouverture

openingstijden

le portefeuille

portefeuille

la carte de crédit

kredietkaart

le sac

tas

le sac en plastique

plastieken zakje

l'eau

water

le jus de fruit

sap

le lait

melk

le coca

cola

le vin

wijn

la bière

bier

l'alcool

alcohol

le chocolat chaud

cacao

le thé

thee

le café

koffie

l'expresso

espresso

le cappuccino

cappuccino

la banane

banaan

la pomme

appel

l'orange

sinaasappel

le melon

meloen

le citron

citroen

la carotte

wortel

l'ail

knoflook

le bambou

bamboe

l'oignon

ajuin

le champignon

champignon

les noisettes

noten

les pâtes

noodles

les spaghettis

spaghetti

le riz

rijst

la salade

salade

les frites

frieten

les pommes de terre rôties

gebakken aardappelen

la pizza

pizza

le hamburger

hamburger

le sandwich

sandwich

l'escalope

kalfslapje

le jambon

ham

le salami

salami

la saucisse

worst

le poulet

kip

le rôti

braden

le poisson

vis

les flocons d'avoine

havervlokken

le muesli

muesli

les cornflakes

cornflakes

la farine

bloem

le croissant

croissant

les petits-pains

pistolet

le pain

brood

le pain grillé

toast

les biscuits

koekjes

le beurre

boter

le fromage blanc

kwark

le gâteau

taart

l'œuf

ei

l'œuf au plat

spiegelei

le fromage

kaas

la glace

ijs

le sucre

suiker

le miel

honing

la confiture

confituur

la crème nougat

choco

le curry

curry

la ferme
boerderij

la grange
schuur

la botte de paille
strobaal

le champ
veld

le cheval
paard

la remorque
aanhangwagen

le poulain
veulen

le tracteur
tractor

l'âne
ezel

l'agneau
lam

le mouton
schaap

la chèvre

geit

la vache

koe

le veau

kalf

le porc

varken

le porcelet

biggetje

le taureau

stier

l'oie

gans

le canard

eend

le poussin

kuiken

la poule

kip

le coq

haan

le rat

rat

le chat

kat

la souris

muis

le bœuf

os

le chien

hond

le chenil

hondenhok

le tuyau de jardin

tuinslang

l'arrosoir

gieter

la faucheuse

zeis

la charrue

ploeg

la faucille

sikkel

la pioche

schoffel

la fourche

hooivork

la hache

bijl

la brouette

kruiwagen

la cuve

trog

le pot à lait

melkkan

le sac

zak

la clôture

hek

l'étable

stal

la serre

broeikas

le sol

bodem

les semences

zaad

l'engrais

mest

la moissonneuse-batteuse

maaidorser

récolter

oogsten

la récolte

oogst

l'igname

yam

le blé

tarwe

le soja

soja

la pomme de terre

aardappel

le maïs

maïs

le colza

koolzaad

l'arbre fruitier

fruitboom

le manioc

maniok

les céréales

graan

la cheminée
schoorsteen

le toit
dak

la gouttière
regenpijp

la fenêtre
raam

le garage
garage

la sonnette
deurbel

la porte
deur

la poubelle
vuilnisbak

la boîte aux lettres
brievenbus

le jardin
tuin

le salon
woonkamer

la chambre de bain
badkamer

la cuisine
keuken

la chambre à coucher
slaapkamer

la chambre d'enfant
kinderkamer

la salle à manger
eetkamer

le sol

vloer

le mur

muur

le plafond

plafond

la cave

kelder

le sauna

sauna

le balcon

balkon

la terrasse

terras

la piscine

zwembad

la tondeuse à gazon

grasmaaier

la fourre de duvet

dekbedovertrek

la couette

dekbed

le lit

bed

le balai

bezem

le sceau

emmer

l'interrupteur

schakelaar

le papier peint
behangpapier

l'image
foto

la lampe
lamp

l'étagère
schap

l'armoire
kast

la cheminée
open haard

la télé
televisie

la fleur
bloem

le coussin
kussen

le canapé
sofa

le vase
vaas

la télécommande
afstandsbediening

le tapis
mat

le rideau
gordijn

la table
tafel

la chaise
stoel

la chaise à bascule
schommelstoel

le fauteuil
fauteuil

le livre

boek

la couverture

deken

la décoration

decoratie

le bois de chauffage

brandhout

le film

film

la chaîne hi-fi

stereo-installatie

la clé

sleutel

le journal

krant

la peinture

schilderij

le poster

poster

la radio

radio

le bloc-notes

notitieboekje

l'aspirateur

stofzuiger

le cactus

cactus

la bougie

kaars

le frigo
koelkast

le four à micro-ondes
microgolfoven

la balance de cuisine
keukenweegschaal

le toasteur
broodrooster

le détergent
afwasmiddel

le four
oven

le compartiment congélateur
vriesvak

la poubelle
vuilnisbak

le lave-vaisselle
vaatwasmachine

le four

fornuis

la casserole

pot

la marmite

gietijzeren pot

le wok/kadai

wok / kadai

la poêle

pan

la bouilloire électrique

waterkoker

le cuiseur vapeur

stoomkoker

la plaque de cuisson

bakplaat

la vaisselle

servies

le gobelet

mok

le bol

kom

les baguettes

eetstokjes

la louche

pollepel

la spatule

spatel

le fouet

garde

la passoire

vergiet

le tamis

zeef

la râpe

rasp

le mortier

mortier

le barbecue

barbecue

la cheminée

haardvuur

la planche à découper

snijplank

le rouleau à pâtisserie

deegrol

le tire-bouchon

kurkentrekker

la boîte

blik

l'ouvre-boîte

blikopener

les maniques

pannenlap

le lavabo

gootsteen

la brosse

borstel

l'éponge

spons

le mixeur

blender

le congélateur

vriezer

le biberon

papfles

le robinet

kraan

le chauffage
verwarming

la douche
douche

la serviette
handdoek

le rideau de douche
douchegordijn

le bain moussant
bubbelbad

la baignoire
badkuip

le verre
glas

la machine à laver
wasmachine

le robinet
kraan

le carrelage
tegels

le pot
kinderpo

le lavabo
gootsteen

les toilettes

toilet

la toilette à la turque

hurktoilet

le bidet

bidet

l'urinoir

urinoir

le papier toilette

toiletpapier

la brosse à toilette

toiletborstel

la brosse à dents

tandenborstel

le dentifrice

tandpasta

le fil dentaire

flosdraad

laver

wassen

la douche manuelle

handdouche

la douche intime

bidethanddouche

la vasque

waskom

la brosse dorsale

rugborstel

le savon

zeep

le gel douche

douchegel

le shampooing

shampoo

le gant de toilette

washandje

l'écoulement

afvoer

la crème

crème

le déodorant

deodorant

le miroir

spiegel

le miroir cosmétique

handspiegel

le rasoir

scheermes

la mousse à raser

scheerschuim

l'après-rasage

aftershave

la peigne

kam

la brosse

borstel

le sèche-cheveux

haardroger

la laque pour cheveux

haarlak

le fond de teint

make-up

le rouge à lèvres

lippenstift

le vernis à ongles

nagellak

l'ouate

watten

le coupe-ongles

nagelknipper

le parfum

parfum

la trousse de toilette

toilettas

le tabouret

kruk

la balance

weegschaal

le peignoir

badjas

les gants de nettoyage

latex handschoenen

le tampon

tampon

les serviettes hygiéniques

maandverband

la toilette chimique

chemisch toilet

la chambre d'enfant
kinderkamer

le réveil
wekker

le doudou
knuffel

la voiture jouet
speelgoedauto

le hochet
rammelaar

la maison de poupée
poppenhuis

le cadeau
geschenk

le ballon

ballon

le lit

bed

la poussette

kinderwagen

le jeu de cartes

spel kaarten

le puzzle

puzzel

la bande dessinée

stripboek

les pièces lego

legoblokjes

les blocs de construction

blokken

la figurine

actiefiguur

la grenouillère

kruippakje

le frisbee

frisbee

le mobile

mobiel

le jeu de société

bordspel

le dé

dobbelsteen

le train miniature

modelspoorweg

la sucette

fopspeen

la fête

feest

le livre d'images

prentenboek

la balle

bal

la poupée

pop

jouer

spelen

le bac à sable

zandbak

la balançoire

schommel

les jouets

speelgoed

la console de jeu

spelconsole

le tricycle

driewieler

l'ours en peluche

knuffelbeer

l'armoire

kleerkast

les vêtements
kleding

les chaussettes

sokken

les bas

kousen

le collant

maillot

l'écharpe
sjaal

la ceinture
riem

le parapluie
paraplu

le t-shirt
T-shirt

les bottes
laarzen

les pantoufles
slippers

les baskets
sneakers

les sandales
....
sandalen

les chaussures
....
schoenen

les bottes de caoutchouc
....
rubberlaarzen

le linge de corps
....
onderbroek

le soutien-gorge
....
beha

le maillot de corps
....
onderhemd

le body

lichaam

le pantalon

broek

le jean

jeans

la jupe

rok

le chemisier

blouse

la chemise

hemd

le pull

trui

le pull-over à capuche

capuchontrui

la veste

blazer

la veste

jas

le manteau

jas

l'imperméable

regenjas

le costume

kostuum

la robe

jurk

la robe de mariée

trouwjurk

le costume

pak

la chemise de nuit

nachthemd

le pyjama

pyjama

le sari

sari

le foulard

hoofddoek

le turban

tulband

la burqa

boerka

le caftan

kaftan

l'abaya

abaya

le maillot de bain

badpak

le costume de bain

zwembroek

les cuissettes

short

la tenue d'entraînement

trainingspak

le tablier

schort

les gants

handschoenen

le bouton

knoop

les lunettes

bril

le bracelet

armband

le collier

ketting

la bague

ring

la boucle d'oreille

oorbel

le bonnet

pet

le cintre

kapstok

le chapeau

hoed

la cravate

das

la fermeture éclair

rits

le casque

helm

les bretelles

bretellen

l'uniforme scolaire

schooluniform

l'uniforme

uniform

le bavoir

slabbetje

la sucette

fopspeen

la couche

luier

le bureau
kantoor

le serveur
server

l'armoire d'archivage
dossierkast

l'écran
monitor

l'imprimante
printer

le papier
papier

la souris
muis

le bureau
bureau

le classeur
map

le clavier
toestenbord

la corbeille à papier
papiermand

la chaise
stoel

l'ordinateur
computer

la tasse à café

koffiemok

la calculatrice

rekenmachine

l'internet

internet

l'ordinateur portable

laptop

la lettre

brief

le message

bericht

le portable

gsm

le réseau

netwerk

la photocopieuse

kopieerapparaat

le logiciel

software

le téléphone

telefoon

la prise

stopcontact

le fax

fax

le formulaire

formulier

le document

document

acheter
kopen

payer
betalen

marchander
handelen

la monnaie
geld

le dollar
dollar

l'euro
euro

le yen
yen

le rouble
roebel

le franc suisse
Zwitserse frank

le renminbi yuan
Chinese renminbi

la roupie
roepie

le distributeur automatique

geldautomaat

le bureau de change
....
wisselkantoor

l'or
....
goud

l'argent
....
zilver

le pétrole
....
olie

l'énergie
....
energie

le prix
....
prijs

le contrat
....
contract

la taxe
....
belasting

l'action
....
aandeel

travailler
....
werken

l'employé
....
werknemer

l'employeur
....
werkgever

l'usine
....
fabriek

le magasin
....
winkel

l'économie - economie

l'agent de police
politieagent

le pompier
brandweerman

le cuisinier
kok

le médecin
dokter

le pilote
piloot

le jardinier
....
tuinman

le menuisier
....
timmerman

la couturière
....
naaister

le juge
....
rechter

le chimiste
....
chemicus

l'acteur
....
acteur

le conducteur de bus

buschauffeur

le chauffeur de taxi

taxichauffeur

le pêcheur

visser

la femme de ménage

schoonmaakster

le couvreur

dakdekker

le serveur

ober

le chasseur

jager

le peintre

schilder

le boulanger

bakker

l'électricien

elektricien

l'ouvrier

bouwvakker

l'ingénieur

ingenieur

le boucher

slager

le plombier

loodgieter

le facteur

postbode

le soldat

soldaat

l'architecte

architect

le caissier

kassier

le fleuriste

bloemist

le coiffeur

kapper

le contrôleur

conducteur

le mécanicien

mecanicien

le capitaine

kapitein

le dentiste

tandarts

le scientifique

wetenschapper

le rabbin

rabbijn

l'imam

imam

le moine

monnik

le prêtre

geestelijke

les professions - beroepen

le marteau
hamer

les pinces
tang

le tournevis
schroevendraaier

la clé
schroefsleutel

la torche
zaklamp

la pelleteuse

graafmachine

la boîte à outils

gereedschapskoffer

l'échelle

ladder

la scie

zaag

les clous

spijkers

la perceuse

boormachine

réparer
....
repareren

la pelle
....
schop

Mince!
....
Verdomme!

la pelle
....
blik

le pot de peinture
....
verfpot

les vis
....
schroeven

les instruments de musique
muziekinstrumenten

le haut-parleur
luidspreker

la batterie
drumstel

la guitare
gitaar

la contrebasse
contrabas

la trompette
trompet

le piano

piano

le violon

viool

la basse

basgitaar

les timbales

pauk

le tambour

trommels

le piano électrique

keyboard

le saxophone

saxofoon

la flûte

fluit

le microphone

microfoon

le tigre
tijger

l'entrée
ingang

la cage
kooi

le zèbre
zebra

l'alimentation animale
diereneten

le panda
panda

les animaux

dieren

l'éléphant

olifant

le kangourou

kangoeroe

le rhinocéros

neushoorn

le gorille

gorilla

l'ours

beer

le chameau

kameel

l'autruche

struisvogel

le lion

leeuw

le singe

aap

le flamand rose

flamingo

le perroquet

papegaai

l'ours polaire

ijsbeer

le pingouin

pinguïn

le requin

haai

le paon

pauw

le serpent

slang

le crocodile

krokodil

le gardien de zoo

dierenverzorger

le phoque

zeehond

le jaguar

jaguar

le poney

pony

le léopard

luipaard

l'hippopotame

nijlpaard

la girafe

giraffe

l'aigle

adelaar

le sanglier

wild zwijn

le poisson

vis

la tortue

zeeschildpad

le morse

walrus

le renard

vos

la gazelle

gazelle

les sports

sporten

l'american Football
rugby

le cyclisme
wielrennen

le tennis
tennis

le basket-ball
basketbal

la natation
zwemmen

la boxe
boksen

le hockey sur glace
ijshockey

le football
voetbal

le badminton
badminton

l'athlétisme
atletiek

le handball
handbal

le ski
skiën

le polo
polo

rire
lachen

sauter
springen

embrasser
knuffelen

marcher
wandelen

chanter
zingen

rêver
dromen

prier
bidden

faire la bise
kussen

écrire
schrijven

dessiner
tekenen

montrer
tonen

pousser
duwen

donner
geven

prendre
nemen

avoir

hebben

faire

doen

être

zijn

être debout

staan

courir

lopen

trier

trekken

jeter

gooien

tomber

vallen

être couché

liggen

attendre

wachten

porter

dragen

être assis

zitten

s'habiller

aankleden

dormir

slapen

se réveiller

ontwaken

regarder

kijken naar

pleurer

wenen

caresser

aaien

peigner

kammen

parler

praten

comprendre

begrijpen

demander

vragen

écouter

luisteren

boire

drinken

manger

eten

ranger

opruimen

aimer

houden van

cuire

koken

conduire

rijden

voler

vliegen

faire de la voile
....
zeilen

calculer
....
rekenen

lire
....
Lezen

apprendre
....
leren

travailler
....
werken

se marier
....
trouwen

coudre
....
naaien

se brosser les dents
....
tandenpoetsen

tuer
....
doden

fumer
....
roken

envoyer
....
sturen

la grand-mère
grootmoeder

le grand-père
grootvader

le père
vader

la mère
moeder

le bébé
baby

la fille
dochter

le fils
zoon

l'hôte

gast

la tante

tante

l'oncle

oom

le frère

broer

la sœur

zus

le front
voorhoofd

l'œil
oog

l'épaule
schouder

le doigt
vinger

le visage
gezicht

le menton
kin

la main
hand

la poitrine
borst

la jambe
been

le bras
arm

le bébé

baby

l'homme

man

la femme

vrouw

la fille

meisje

le garçon

jongen

la tête

hoofd

le dos

rug

le ventre

buik

le nombril

navel

l'orteil

teen

le talon

hiel

l'os

bot

la hanche

heup

le genou

knie

le coude

elleboog

le nez

neus

les fesses

zitvlak

la peau

huid

la joue

wang

l'oreille

oor

la lèvre

lip

la bouche
mond

la dent
tand

la langue
tong

le cerveau
hersenen

le cœur
hart

le muscle
spier

les poumons
long

le foie
lever

l'estomac
maag

les reins
nieren

le rapport sexuel
seks

le préservatif
condoom

l'ovule
eicel

le sperme
sperma

la grossesse
zwangerschap

la menstruation

menstruatie

le vagin

vagina

le pénis

penis

le sourcil

wenkbrauw

les cheveux

haar

le cou

nek

l'hôpital
ziekenhuis

l'ambulance
ambulance

le fauteuil roulant
rolstoel

la fracture
breuk

le médecin

dokter

le service des urgences

spoed

l'infirmière

verpleegkundige

l'urgence

noodgeval

inconscient

bewusteloos

la douleur

pijn

la blessure

verwonding

l'hémorragie

bloeding

la crise cardiaque

hartaanval

l'attaque cérébrale

beroerte

l'allergie

allergie

la toux

hoest

la fièvre

koorts

la grippe

griep

la diarrhée

diarree

le mal de tête

hoofdpijn

le cancer

kanker

le diabète

diabetes

le chirurgien

chirurg

le scalpel

scalpel

l'opération

operatie

le CT

CT

la radiographie

röntgenstraal

l'échographie

ultrageluid

le masque

gezichtsmasker

la maladie

ziekte

la salle d'attente

wachtkamer

la béquille

kruk

le pansement

pleister

le pansement

verband

l'injection

injectie

le stéthoscope

stethoscoop

le brancard

brancard

le thermomètre

thermometer

l'accouchement

geboorte

le surpoids

overgewicht

l'appareil auditif

hoorapparaat

le désinfectant

ontsmettingsmiddel

l'infection

infectie

le virus

virus

le VIH / le sida

HIV / AIDS

le médicament

medicijn

la vaccination

vaccinatie

les tablettes

tabletten

la pilule

pil

l'appel d'urgence

noodoproep

le tensiomètre

bloeddrukmeter

malade / sain

ziek / gezond

Au secours!

Help!

l'alarme

alarm

l'agression

overval

l'attaque

aanval

le danger

gevaar

la sortie de secours

nooduitgang

Au feu!

Brand!

l'extincteur

brandblusser

l'accident

ongeval

la trousse de premier
secours

EHBO-kit

SOS

SOS

la police

politie

l'Europe

Europa

l'Amérique du Nord

Noord-Amerika

l'Amérique du Sud

Zuid-Amerika

l'Afrique

Afrika

l'Asie

Azië

l'Australie

Australië

l'Océan atlantique

Atlantische Oceaan

l'Océan pacifique

Stille Oceaan

l'Océan indien

Indische Oceaan

l'Océan antarctique

Antarctische Oceaan

l'Océan arctique

Arctische Oceaan

le Pôle nord

Noordpool

le Pôle sud

Zuidpool

l'Antarctique

Antarctica

la terre

aarde

le pays

land

la mer

zee

l'île

eiland

la nation

natie

l'état

staat

le cadran

wijzerplaat

l'aiguille des heures

uurwijzer

l'aiguille des minutes

minuutwijzer

l'aiguille des secondes

secondewijzer

Quelle heure est-il?

Hoe laat is het?

le jour

dag

le temps

tijd

maintenant

nu

la montre digitale

digitale horloge

la minute

minuut

l'heure

uur

la semaine
week

lundi / maandag — MO
mardi / dinsdag — TU
mercred / woensdag — W
jeudi / donderdag — TH
vendredi / vrijdag — FR
samedi / zaterdag — SA
dimanche / zondag — SO

hier
gisteren

aujourd'hui
vandaag

demain
morgen

le matin
ochtend

le midi
middag

le soir
avond

MO	TU	WE	TH	FR	SA	SU
1	2	3	4	5	6	7
8	9	10	11	12	13	14
15	16	17	18	19	20	21
22	23	24	25	26	27	28
29	30	31	1	2	3	4

les jours ouvrables
werkdagen

MO	TU	WE	TH	FR	SA	SU
1	2	3	4	5	6	7
8	9	10	11	12	13	14
15	16	17	18	19	20	21
22	23	24	25	26	27	28
29	30	31	1	2	3	4

le week-end
weekend

la pluie
regen

l'arc-en-ciel
regenboog

le vent
wind

la neige
sneeuw

le printemps
lente

l'automne
herfst

l'été
zomer

l'hiver
winter

la météo

weervoorspelling

le thermomètre

thermometer

la lumière du soleil

zonneschijn

le nuage

wolk

le brouillard

mist

l'humidité

vochtigheid

la foudre
bliksem

le tonnerre
donder

la tempête
storm

la grêle
hagel

la mousson
moesson

l'inondation
overstroming

la glace
ijs

janvier
januari

février
februari

mars
maart

avril
april

mai
mei

juin
juni

juillet
juli

août
augustus

septembre
················
september

octobre
················
oktober

novembre
················
november

décembre
················
december

les formes

vormen

le cercle
················
cirkel

le carré
················
kwadraat

le rectangle
················
rechthoek

le triangle
················
driehoek

la sphère
················
bol

le cube
················
kubus

les couleurs
kleuren

blanc

wit

jaune

geel

orange

oranje

rose

roze

rouge

rood

violet

paars

bleu

blauw

vert

groen

marron

bruin

gris

grijs

noir

zwart

beaucoup / peu

veel / weinig

fâché / calme

boos / kalm

joli / laid

mooi / lelijk

le début / la fin

begin / einde

grand / petit

groot / klein

clair / obscure

licht / donker

le frère / la sœur

broer / zus

propre / sale

proper / vuil

complet / incomplet

volledig / onvolledig

le jour / la nuit

dag / nacht

mort / vivant

dood / levend

large / étroit

breed / smal

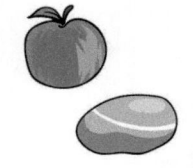

comestible / incomestible

eetbaar / oneetbaar

méchant / gentil

kwaadaardig / vriendelijk

excité / ennuyé

opgewonden / verveeld

gros / mince

dik / dun

le premier / le dernier

eerst / laatst

l'ami / l'ennemi

vriend / vijand

plein / vide

vol / leeg

dur / souple

hard / zacht

lourd / léger

zwaar / licht

faim / soif

honger / dorst

malade / sain

ziek / gezond

illégal / légal

illegaal / legaal

intelligent / stupide

intelligent / dom

gauche / droite

links / rechts

proche / loin

dichtbij / veraf

nouveau / usé

nieuw / gebruikt

rien / quelque chose

niets / iets

vieux / jeune

oud / jong

marche / arrêt

aan / uit

ouvert / fermé

open / dicht

faible / fort

stil / luid

riche / pauvre

rijk / arm

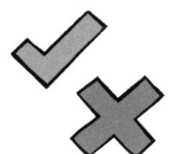

correct / incorrect

juist / fout

rugueux / lisse

ruw / glad

triste / heureux

droevig / blij

court / long

kort / lang

lent / rapide

traag / snel

mouillé / sec

nat / droog

chaud / froid

warm / koud

la guerre / la paix

oorlog / vrede

les oppositions - tegengestelden

0

zéro

nul

1

un

één

2

deux

twee

3

trois

drie

4

quatre

vier

5

cinq

vijf

6

six

zes

7

sept

zeven

8

huit

acht

9

neuf

negen

10

dix

tien

11

onze

elf

12

douze

twaalf

13

treize

dertien

14

quatorze

veertien

15

quinze

vijftien

16

seize

zestien

17

dix-sept

zeventien

18

dix-huit

achtien

19

dix-neuf

negentien

20

vingt

twintig

100

cent

honderd

1.000

mille

duizend

1.000.000

le million

miljoen

l'anglais

Engels

l'anglais américain

Amerikaans Engels

le chinois mandarin

Chinees (Mandarijn)

le hindi

Hindi

l'espagnol

Spaans

le français

Frans

l'arabe

Arabisch

le russe

Russisch

le portugais

Portugees

le bengali

Bengali

l'allemand

Duits

le japonais

Japans

je

ik

tu

u

il / elle

hij / zij / het

nous

wij

vous

u

ils / elles

ze

qui?

wie?

quoi?

wat?

comment?

hoe?

où?

waar?

quand?

wanneer?

le nom

naam

derrière
....
achter

dans
....
in

devant
....
voor

au-dessus
....
boven

sur
....
op

en-dessous
....
onder

à côté de
....
naast

entre
....
tussen

le lieu
....
plaats